CZIKK ÁGNES

Die grenzenlose Liebe...
eine WG mit Morbus Wilson

In Andenken an die ungarischen Großeltern
meiner geliebten Söhne

Bibliografische Information der Deutschen Nationalbibliothek:
Die Deutsche Nationalbibliothek verzeichnet diese Publikation in der
Deutschen Nationalbibliografie; detaillierte bibliografische Daten sind im
Internet über dnb.dnb.de abrufbar.

© 2022 Agnes Naumann
Herstellung und Verlag: BoD – Books on Demand, Norderstedt
ISBN: 978-3-7557013-9-2

Einleitung

„Unter dir die Erde,
über dir der Himmel,
in dir die Leiter."

Weöres Sándor

Es ist sehr lange her......... ich wurde einst als ein sehr schüchternes, aber neugieriges Mädchen in Südungarn geboren. Später wurde ich Backfisch, Verliebte, junge Ehefrau, Mutter von zwei Söhnen, Freundin, Studentin, Dolmetscherin, Kollegin, Oma, Rentnerin und eine 24 Stunden Pflegekraft.

Man nehme dazu die folgenden Aufenthalte:

Ungarn, Mitteldeutschland (Sachsen),

Mittelfranken und Sachsen.

Die Dankbarkeit an die Eltern und die Liebe zur ungarischen Heimat sind die Wurzeln meiner Kraft. Sie prägen mich mein ganzes Leben lang.

Ich trage mich schon lange mit dem Gedanken, meine Geschichte, Erlebnisse und Erfahrungen zu Papier zu bringen. Ich weiß, dass ein Buch ein Spiegel gegen das Vergessen ist. Wenn ich die vergangenen Momente meines Lebens durch das Schreiben wiedererlebe und in der Gegenwart innehalte, dann blicke ich in mein Inneres. Das ist EINES der vielen Vorteile des Alters.

Das Schreiben ist eine selbstverordnete Therapie, außerhalb des Regelfalls und ohne Zuzahlungen!

Über die LIEBE ist allerdings fast ALLES gesagt worden.

Der große Ungar Karinthy sagte:

„Frauen und Männer können sich nicht verstehen, weil SIE den Mann will und ER die Frau."

Ich meine, beide Geschlechter wollen lieben und geliebt werden!

Meine Geschichte soll aber diese gelebte Liebe aus einer anderen Perspektive beleuchten.

Liebe ist international, ein Wunder, das auch blind macht und uns vor Aufgeben schützt.

Schrecken wird dadurch nicht gemindert, aber man sieht diesen Schrecken in einem anderen Licht.

Meine Erfahrung: LIEBE ist MEDIZIN und auch eine Art „Liebes-Droge".

Und noch etwas:

Die Muttersprache spielt in der gelebten Liebe eine höchst bedeutende Rolle. Diese Sprache kommt aus der Tiefe, aus der Seele, die zweite, dritte Fremdsprache speichert sich in einer anderen emotionalen Ebene ab.

Meine Enkel stellten öfter fest, dass ich beim Lesen der ungarischen Literatur vollkommen untertauche und nicht ansprechbar wäre....

In einem Seniorenheim durften sich alle darüber wundern, dass mit einem betagten an Demenz erkrankten ungarndeutschen Bewohner in deutscher Sprache nichts mehr zu besprechen war, aber in ungarischer Sprache eine fließende Verständigung möglich war.....

Ich mache mit meiner Geschichte eine Tür auf, tritt ein in mein ungarisch/deutsches Lebenshaus!

Die prägende Familie

Kirchliche Trauung meiner Eltern, Februar 1946, Bayern

Meine Eltern lernten sich 1946 in Bayern kennen. Vater war im Lazarett, Mutter in einem Flüchtlingslager. Beim Singen in einer Dorfkapelle kamen sie sich näher und kurz darauf heirateten sie an Ort und Stelle. (urkundlich belegt!) Über diese erste Eheschließung wurde nie mit mir gesprochen.

Csöpi, Ferenc in Sopron/Ungarn, 1962

Vor einigen Jahren besuchte ich diese Kapelle und das Kloster in Bayern. Es waren unvergessene Momente! Ich stand an der gleichen Stelle, an der sich im Winter 1946 das glückliche junge Paar das JA-Wort gegeben hatte. Ich kämpfte mit den Tränen und lief viele Wege ab. Wie ein Schwamm saugte ich alles auf. Ich habe Steine gesammelt und das Glockenspiel aufgenommen. Ältere Einheimische konnten sich noch an die ungarische Flüchtlinge erinnern. Eine Nonne von damals lebte auch noch und zeigte mir, wo die Zelte der Flüchtlinge gestanden haben. Das Grab des Trauzeugen (damaliger Bürgermeister) besuchte ich ebenfalls. Es waren unvergessliche

Erlebnisse, eine tiefgreifende Reise in die Vergangenheit.

Nach ihrer Rückkehr heirateten sie dann noch einmal in Ungarn.

Sie waren ein sehr schönes Paar uns sie sind heute noch meine Vorbilder.

Mein Vater stammte aus einer donauschwäbischen Familie. Er war ein sehr weiser Pädagoge. Er wollte aber immer und immer wieder geliebt werden....besonders von den Frauen. Er vergötterte sie.

Er war ein Gentleman, ein Charmeur, wickelte mich und die Frauen um den Finger. Er liebte sie aber auf Augenhöhe. Mutter wusste über alle seine kurzen Seitensprünge. Sie war sehr weise, sie hat ihm verziehen, weil sie ihn sehr liebte.

Eine Episode vom 60. Geburtstag meines Vaters: (20.11.1980)

Er machte auf seinem Weinberg ein Lagerfeuer und verbrannte alle seine sozialistischen Dokumente, einschließlich der Diplome. So feierte er seine neugewonnene Freiheit mit einem Glas Rotwein (Oporto) und Erleichterung.

Ich wollte natürlich all das genauso nachmachen…

Vaters Weisheiten u.a.:

„Ein weiser Mensch verschweigt seine Klugheit."

„Im Sozialismus hatten alle Menschen nur einen gemeinsamen Feind,

im Kapitalismus hat jeder Mensch seinen eigenen."

„Früher durfte man den Chef kritisieren, aber die Politiker auf keinen Fall! Heutzutage ist es genau andersrum!"

„Solange man über eigene Fehler, Schwächen sprechen sowie lächeln kann, ist alles in Ordnung. Erst beim Verschweigen fangen die Probleme an."

„Wünsche sollte man auf Papier bringen und nie ausradieren/löschen, nur ergänzen".

Er ist auch daran „Schuld", dass ich bis heute nur Röcke trage!

Er sagte mir: *„Wenn eine Frau einigermaßen schöne Beine hat, die soll sie dann auch unbedingt präsentieren!*"

Ich komme mit diesem Rat sehr gut zurecht und die Herren der Schöpfung ebenfalls!

Mein Vater sprach seine geliebte Mutter mit SIE an.

„Wie geht es IHNEN, Mama?"

Ich fand das damals wie heute ganz normal und okay.

Großmutter brachte sechs Kinder zur Welt und sie war immer Mittelpunkt der Familie.

War eines der Kinder krank, wurde schnell ein Huhn geschlachtet und daraus eine kräftige Hühnersuppe gekocht.

Ich gehöre ebenfalls zu dieser Hühnersuppenfraktion.
Diese Suppe ist Medizin!

Sie buk das Brot immer selber. Sie war nicht gerade eine Kirchengängerin, das frisch gebackene Brot hat sie aber eigenhändig mit einem Kreuz gesegnet.

Sie arbeitete Tag und Nacht. Beschwert hat sie sich darüber nie.

Sie war ein einziges Mal im Krankenhaus. Dort bat sie den Chefarzt, noch länger bleiben zu dürfen, da sie noch nie so viel Zeit für sich selbst hatte und so viele Schwestern sich um sie kümmerten.

In ihrer kleinen Sommerküche wurden die besten Strudel der Welt gebacken.

Sie war eine geachtete Frau.

Großvater ging immer in sein Waldrevier und sie sorgte sich um alles, was sich bewegte (Kinder und Haustiere).

Meine Mutter war eine wunderschöne kluge Frau mit Kosenamen „Csöpi"/Tschöppi. Ich wollte immer so werden wie sie!

Sie hatte viele Sommersprossen. Für jedes Küsschen schenkte sie mir welche und ich glaubte daran! Es klappte tatsächlich und ich bekam später auch die gewünschte Sommerbemalung.

Sie ließ sich im Gegensatz zum Vater niemals verführen. Sie war eher die Kämpferin. Sie war die Finanzchefin der Familie.

Ihr Lieblings-Spruch war:

„Alles kann ich ertragen, nur nicht, wenn ich für blöd gehalten werde!"

Mittlerweile ist das mein Leitsatz geworden!

Sie erinnerte mich sehr oft daran, dass ich vor jeder Entscheidung darüber nachdenken solle, wie meine Eltern darüber denken würden. Das mache ich heute noch!

Ihr Schlusswort am Ende jeglicher Diskussion war; „sluszti-paszti-kuli". (Übersetzung nicht möglich) Danach war Widerstand zwecklos.

Wenn Mutter die Speisekammer betrat, machte sie sehr gern Inventur. Erwähnen muss ich noch, dass die Regale mit selbst gehäkelter Spitze dekoriert waren.

Schade, dass diese Speise- und Schatzkammern nicht mehr so gefragt sind. Sie bedeuteten damals Sicherheit und Vorrat in der Mangelwirtschaft.

Sie war auch eine Künstlerin. Sie liebte das Sticken, z.B. Gobelins. Dabei konnte sie in eine andere Welt fliegen. Heutzutage bezeichnet man das als „flow-Aktivitäten". Man erlebt dabei, was man geschaffen hat und wie gut das wurde.

Mein Vater konzentrierte sich eher auf die Bienen und den Weinanbau. Beide Hobbys brachten ihm den erwünschten „flow-Zustand". Das Honigschleudern im Mai, wenn die Akazien blühten, war ein Festakt für die ganze Familie.

Für meine Mutter war das Altern kein Thema. Mit 85 Jahren fragte sie mich mal, wie alt sie sei. Nachdem ich ihr die 85 sagte, war sie erstmal still und reagierte gar nicht. Kurz darauf sollte ich aber verraten, wie alt ich wäre. Spontan meinte sie: „So alt bist du schon?" Ich war gerade 60 geworden. So war sie!

Ärzte waren für sie wirklich die Götter in weiß. Beim Zahnarztbesuch wegen meines eitrigen Milchzahns fand sie (als Pädagogin) okay, dass der liebe gute Doktor mir eine herunterhaute, um im gleichen Augenblick den Milchzahn ziehen zu können. Ich wollte nämlich auf keinem Fall meinen Mund öffnen. Tja, heutzutage wäre so etwas zum Glück nicht mehr möglich, oder doch?

Eine einzige gemeinsame Last/Sucht hatten allerdings meine Eltern:

Sie versteckten im Oktober 1956 („Konterrevolution") leider keine Lebensmittel im Keller, sondern einen Koffer voll „fecske"=Zigaretten. Unser Nachbar/Parteisekretär passte damals auf diesen Koffer auf, da er untertauchen musste.

Meine Kindheit

Nach der Rückkehr meiner Eltern aus Bayern bin ich dann in Ungarn auf die Welt gekommen. Ich war eine Frühgeburt, unter 2000 gr. Kein besonders guter Start ins Leben.

Meine Eltern gaben mir den sehr schönen katholischen Vornamen Ágnes. Natürlich bekamen meine beiden Jungs, András und Péter auch solche berühmte Namen von Heiligen. Hier muss ich ergänzend sagen, dass wir in Ungarn mehr Wert auf die Namenstage legen. Geburtstage werden nur im Familienkreis gefeiert, aber Namenstage überall im gesamten Land. Es kam nicht selten vor, dass Betriebe/ Firmen an den gewissen Tagen Betriebsruhe hatten.

Kinderkrippen gab es damals nicht. Meine Eltern mussten, bzw. wollten als Pädagogen wieder arbeiten. Sie in einer Mädchen- und er in einer Jungenschule.

Mein Babysitter war der Jagdhund vom Onkel (ein ungarischer Vizsla). Meine Eltern waren sich sehr sicher, dass mir bei dieser Aufsicht nichts passieren kann. Es ist auch alles gut gelaufen.

Die ersten acht Klassen lernte ich in einer Mädchenschule. Damals waren sogar die Gymnasien nach Geschlechtern getrennt.

In den Sommerferien waren wir Enkelkinder meist bei den Großeltern, mitten im Wald, da mein Großvater ein leidenschaftlicher Revierförster war. In seinem Revier jagten damals einige Adlige aus Ungarn und Österreich nach Kapitalhirschen.

Nagypapa´s = Großvaters kaltgeräucherter Schinken war einfach der Beste weit und breit....viel würziger, aromatischer und fester als die heißgeräucherten heutzutage. Das Räuchern dauerte natürlich einige Wochen, eine sehr zeitintensive Angelegenheit.
Die Vorfreude spielte dabei auch eine große Rolle. Nun ist das Leben in Ungarn mittlerweile auch rastlos geworden. „Zeit kostet Geld?" Kaltgeräucherter Schinken ist auch in meiner Heimat „Mangelware". SCHADE!

Die Hausschweine wurden auch hin und wieder in die Wälder getrieben. Ganz besonders zu Zeiten der reifen Maulbeeren. Später fanden wir einige gestreifte Ferkel im Stall.

Ich durfte Rehkitze mit der Flasche aufziehen und noch warme, frische Kuhmilch trinken. Abends las uns die kleinste Schwester meines Vaters vor. Sie hieß Cumi mit Kosenamen (ebenfalls angehende Lehrerin). Wir lagen alle ganz still in den Betten (auf Strohmatratzen!). Im Forsthaus hatte man noch kein elektrisches Licht. Mit Petroleumlampe war die Vorlesung noch spannender.

Etwas fand ich trotzdem nicht ganz in Ordnung, und zwar die Trockentoilette/Plumpsklo. Zum Stadtmädchen passte das nicht. Ich verschwand immer wieder im Mais hinter dem Haus.

Meine Kindheit war sehr behütet und glücklich, obwohl ich kaum Wechselsachen bzw. Spielzeug besaß. Eine Puppe mit Porzellankopf und ein mit Stroh ausgestopfter Teddy waren mein Alles. Die meiste Zeit verbrachte ich mit Ballspielen, Huppe-Kästel und

Springseil. Ein Fahrrad zu haben war undenkbar. Trotzdem war ich zufrieden. Tagtäglich entwarf ich stundenlang die tollsten Kleider für meine Anziehpuppen aus Papier. Ich sammelte u.a. Autogramme, Ansichtskarten, Briefmarken, Streichholzetiketten und Servietten.

Jeden Abend wuschen wir unsere Unterwäsche und Wechselsachen mit der Hand aus, da das Geld sehr knapp war. An eine Waschmaschine war erst in den 70er Jahren zu denken. Ich schwor mir damals, dass ich nie mehr weniger als 15 Slips besitzen werde.

Urlaubsreisen kannten wir nicht. Picknick an der Donau, gespickt mit Mücken, das war alles. Mein Vater angelte in der Zwischenzeit mit mehr oder weniger Erfolg. Meine Mutter und ich waren währenddessen zu Fuß unterwegs.

Unabhängig vom „Eisernen Vorhang" reisten auch damals schon die Touristen aus Westdeutschland mit Flusskreuzfahrt-Schiffen auf der Donau. Mein Vater versprach mir, wenn ich groß bin, fahren wir auch mit so einem Luxus-Schiff auf unserer Donau. Leider ging dieses Versprechen nicht in Erfüllung.

Zu meinem 60. Geburtstag schenkte ich mir diesen Wunsch aus der Kindheit. Die Reise war zum Teil eine Vergangenheitsbewältigung sowie ein einmaliges Erlebnis. Meine Eltern reisten in meinem Herzen mit. Gut, dass ich genügend Taschentücher mithatte. An der EU-Außengrenze wurde ich zur Rezeption gerufen. Ängstlich meldete ich mich beim ungarischen Grenzbeamten. Er wollte aber nur wissen, ob ich mit seinem besten Lehrer sowie einem Fischwirt gleichen Namens irgendwie verwandt wäre. Ich antwortete ganz stolz: JA. Ein unvergesslicher Augenblick. Außerdem war ich die allererste ungarische Mitreisende. Ich und der Beamte waren nicht mehr zu bremsen, wir unterhielten uns über die sogenannten alten Zeiten. Schöne Erinnerungen können auch Schiffe aufhalten.

Ein gedeckter Tisch hatte etwas Feierliches an sich. Meine Mutter machte die besten Nudeln der Welt. Mein Favorit waren die Kraut-Kartoffel- und Quarknudeln. Süße Mohnnudeln waren eher Vaters Geschmack.

Ganz toll und unvergesslich waren die allmonatlichen „házibulik" = Hausfeten mit befreundeten Ehepaaren. Diese Abende wurden lange vorbereitet. Die Stube musste leergeräumt werden für eine Tanzfläche. In der Küche war ebenfalls Hochbetrieb. Sie sangen, tanzten und speisten mit allen Sinnen. Ich war stille Beobachterin durchs Schlüsselloch. Die Reste wurden immer eingepackt und mit auf den Heimweg gegeben.

Ich erinnere mich noch ganz genau an das Lied von Doris Day „Que Sera Sera" = Es kommt, wie es kommt". Dieses wunderschöne Lied/Walzer durfte in Ungarn nicht abgespielt werden. Irgendwie hatten meine Eltern die verbotene Platte doch organisiert. Mit Freunden wurde das Anhören ein „Zum-Trotz-Erlebnis." Da im Sozialismus alles planbar sein sollte, passte der Text aus Amerika einfach nicht zu der aktuellen Ideologie....

So wurde ich ohne besondere Vorkommnisse 16 Jahre alt, ging

im zweiten Schuljahr ins Mädchengymnasium. Aus dem kleinen, schüchternen Mädchen wurde ein neugieriges, großes Mädchen/ Backfisch. Hatte erste Berührungen mit Jungs, erster Kuss, Tanzschule.

Aufgeklärt wurde ich allerdings nicht! Ganz beiläufig sagte mir meine Mutter: *„Männer schütteln sich oft und gern aus."* Ich konnte mit diesem Satz nichts anfangen.

verliebt, verlobt, verheiratet

Und dann kam der große Moment, der mein ganzes Leben verändern sollte, und hat.

Weil der damalige Bürgermeister/Ratsvorsitzende der deutschen Sprache nicht mächtig war, musste ich einspringen. Eine kleine Delegation aus der DDR Partnerstadt war in meiner Heimatstadt zu Besuch.

Ein blonder junger Mann war auch dabei.

Blonde Jungs waren damals in Ungarn eher selten.

Er war 19 Jahre alt. Wir wussten sofort, dass wir heiraten werden!

49 Jahre später krempeln winzige und doch mächtige Gene mein und das Leben meines jüngeren Sohnes um.

Aus heutiger Sicht würde ich gern wissen wollen, ob diese mutierten Gene beim Verlieben auch irgendeine Rolle gespielt haben? Hätte ich doch lieber den „Pisti Hufnagel" heiraten sollen?

Es folgten jahrelange Besuche und Briefwechsel. Internet oder Handy gab es nicht.

Die Verlobung fand bei seinen Eltern in der Oberlausitz statt und die Hochzeit in meiner ungarischen Heimatstadt.

Beim traditionellen Hochzeitstanz sammelte mein Vater mit seinem Hut viel Geld, und das war dann später unser Startkapital.

Es gab für meine Schwiegermutter auch etwas Unerwartetes,

Ágnes und Berci auf der Hochzeitsreise Lillafüred/Ungarn, 1967

Unvorstellbares am Hochzeitabend. Es gab, wie bei jeder Hochzeit, eine Suppe mit Hühnerkrallen. Sie musste den Tisch kurz verlassen.

Ein ganzes Jahr dauerten noch die Formalitäten, bis ich ausreisen durfte, und dann wurde es ernst.

Mit zwei vollgepackten Holzkisten zog ich in ein unbekanntes Land

Sommer 1968

und in ein neues Leben ein. Diese zwei Kisten habe ich immer noch, z.Z. als Unterschlupf für Kaminholz.

Meine Eltern ließen mich aus Liebe in ein anderes Land ziehen. Meine Mutter gab mir ihr handgeschriebenes Rezeptheft mit auf den Weg. Dieses Heft hat heute noch hohes Ansehen und Aktualität. Söhne und Enkel bekamen mittlerweile die übersetzte Ausgabe überreicht.

Die kleinen und die großen Unterschiede

Ehe ich über mein neues Leben erzähle, versuche ich, über uns Ungarn zu erzählen. Warum sind wir so, wie wir eben sind, etwas anders.

Das Brot (Weißbrot!) ist für uns Ungarn fast etwas Heiliges. Am 20.08. jeden Jahres muss die Ernte beendet sein. An diesem Tag wird das Brot aus der neuen Ernte gebacken. Brot gehört auf jeden Tisch zu jeder Mahlzeit. Mein Vater hat sogar Äpfel und Weintrauben mit Weißbrot gegessen.

Wir sind in der Regel gute Gastgeber. Wir sind aber auch schnell enttäuscht, wenn uns nicht ebenso viel Mühe entgegengebracht wird.

Man sagt, wir streiten gern und wissen alles besser. Wir reden laut und viel. Das hat aber auch große Vorteile! In einem Gespräch erfährt man viel. Es findet dabei ein Geben und Nehmen statt.

Zitat von einem Schriftsteller und einem großen Dichter:

„Der Ungar sucht gern nach der Wahrheit, will sie aber ungern finden." (Mikszáth)

Eine Stammtischparole zum Thema.

„Die Deutschen haben die Uhr, die Ungarn die Zeit."

Unterschiedliche Kulturen nehmen unterschiedlich Abschied.

Es gibt auch eine ungarische Redewendung, die sagt:

„Der Engländer sagt auf Wiedersehen und geht, der Franzose geht und sagt nicht auf Wiedersehen, der Ungar sagt auf Wiedersehen und bleibt."

Wir werben unermüdlich, dass unsere „édes anyanyelv" = süße Muttersprache eigentlich eine Sprache ist, die unbedingt gelernt werden sollte.

Wir drücken uns oft etwas anders aus.

Der Ungar sagt:

„Ich fresse dich auf"

In Deutsch sagt man vorsichtiger:

„Ich habe dich zum Fressen gern."

Wir schwitzen wie ein Pferd. Hierzulande schwitzt man wie ein Schwein.

In Deutschland hängt sich ein Handy auf. In Ungarn friert es ab.

Auf die abweichenden Schimpfwörter möchte ich nicht näher eingehen, da ich diese Wörter nicht mag, egal in welchem Land!

Wenn ein Sachse JA sagt, dann stimmt es auch. ABER, wenn ein Ungar JA meint, stimmt es nicht unbedingt 100%ig. Wir Ungarn sagen gern Ja, weil es so eben bequemer ist. Wir denken nach, suchen nach einer Hintertür. Ob Sachse oder Ungar – diese Unterschiede sollen auch zwischen Frauen und Männern hin und wieder vorkommen. Ich kenne mich! Suche auch gern nach anderen Wegen. Wir sagen allerdings nicht Hintertür, sondern „egérút" = Mäuseweg.

Die ungarische Sprache ist nicht immer so „schwer", z B. das Wort „Eichhörnchen" heißt im Ungarischen „mókus" viel kürzer und klingt schöner!?

„Aufblasbare Haarwaschwanne" mit sieben „A".....oder „Einschiffung": eine wörtliche Übersetzung ist nicht möglich.

„Freiheitsentziehende Maßnahme", ebenfalls schwer vermittelbar. Warum ist die Mongolei nicht „Mongolien" wie Bulgarien, Kroatien, die Mehrzahl von Album (Alben) nicht eher Albums, wie Harems? „Der, die, das" machte mir tagtäglich viel Kummer.

In der ungarischen Sprache sind die Artikel ohne Geschlecht!

Noch etwas: Wenn ich deutsch spreche, drücke ich mich rationaler aus, in der Heimatsprache gestikuliere ich mehr und die Sachlichkeit verschwindet immer mehr.

Über etwas wunderte ich mich in meinem ungarischen Sprachkurs:

Eine sorbische Kursteilnehmerin entdeckte, dass viele ungarische Wörter mit Sorbisch übereinstimmen. Slawische Querverbindungen im Zuge der Völkerwanderungen.

Deutsch	Sorbisch	Ungarisch
Rock	suknja	szoknya,
Mantel	kabat	kabát,
Keller	pinca	pince,
Himbeere	malena	málna,
Brett	deska	deszka,
Korb	koš	kosár,
Mais	kukurica	kukorica,
Wurst	kolbasa	kolbász,
Schinken	šunka	sonka,
Regal	polca	polc,
Mohn	mak	mák,
Moss	moch	moha,
Ente	kačka	kacsa,
Krebs	rak	rák,
Hecht	čuka	csuka,
Sturm	wichor	vihar,
Kneipe	korĉma	kocsma,
stumm	něma	néma,
Schmied	kowar	kovács,
Hollunder	boronka	bodza,
Kiste, Truhe	lada	láda und noch viel mehr.

Warum heißt in Deutschland die Tomate…Tomate? In Ungarn sagt man paradicsom, was auch Garten Eden bedeutet. Übrigens die Österreicher nennen die Tomaten Paradeiser.

Muttersprache ist Identität, Heimat und eine kleine Insel, wohin man sich zu jeder Zeit zurückziehen und die Seele baumeln lassen kann. Die Sprache ist unser „Schneckenhaus".

Sprache ist auch Würde. Nicht selten hatte ich in Gegenwart von Chefärzten ein hilfloses Gefühl, da die Götter in Weiß überwiegend lateinisch kommunizierten. Aus meiner „Wurmposition" herauszukommen war nicht immer leicht.

Die ersten Jahre in Mitteldeutschland versuchte ich mich anzupassen, ich wollte so sein, wie alle hier Lebenden, Nachbarn, Kollegen. Da die Liebe blind macht, ist mir das auch ganz gut gelungen. Ohne diese Liebe zu meinem Mann hätte ich schon in den ersten und schwierigsten Jahren wieder kehrtgemacht. Den ersten Schock bekam ich beim DDR-Zollamt. Die Beamten nahmen mir alle meine Hemingway-Bücher weg, mit der Begründung, dass er ein Amerikaner sei. Dass er gegen Franco gekämpft hatte, stand nicht auf der verbotenen roten Liste. Ich war machtlos und musste irgendwie klarkommen. Anpassen war die Lösung! Mittlerweile stehe ich offener zu meiner Identität, zu meiner Heimat und zwar ohne wenn und aber. Bin ich eine alte Rebellin geworden. Es geht mir dadurch viel besser. Gewisse Anpassung muss sein, aber die Heimat darf trotzdem geliebt und geachtet werden. Mein Cabrio ist mit dem Länderkennzeichen „H" (Hungary) ergänzt worden und das ohne Nebenwirkungen.

Ich habe mich auf Grund der vielen Jahre auch ganz schön verändert Ich muss heutzutage nicht selten über die noch bestehenden heimatlichen Gewohnheiten/Eigenheiten schmunzeln, u.a. an der Fußgängerampel:

Meine Heimatleute gehen gern mal bei Rot über die Straße, falls kein Fahrzeug in Sicht ist. Ich allein bleibe aber wie gewohnt selbstverständlich stehen. Bei dieser Gelegenheit frage ich mich ernsthaft, wer ich nun bin, eine Deutsche oder eine Ungarin?

Das Leben in Deutschland prägte mich auch Tag für Tag. Und das ist gut so! Erfahrungen sammeln macht lebendig.

Die ersten Jahre in der Kleinstadt waren trotz lieber Nachbarn und Kollegen nicht immer einfach. Die größte Hürde war die Sprache, obwohl im Abiturzeugnis die Note „ausgezeichnet" stand.
Der sächsische Dialekt war eine große Herausforderung. Zeitunglesen machte erst nach 1–2 Jahren Aufenthalt Spaß. Ich kam mir manchmal vor wie ein Analphabet. Beim späteren Studium fiel mir z.B. der russischsprachige Unterricht wiederum sehr schwer, weil diese Sprache nicht in meiner Muttersprache gelehrt wurde, sondern in einer zweiten, ebenfalls „fremden" Sprache. Wörter wie Dativ, Akkusativ, Konsonant kamen mir chinesisch vor!

Sprachbedingte Irritationen gab es jede Menge:

In den 60er Jahren fuhren in der Oberlausitz eher Dampfzüge. Beleuchtete Hinweisschilder gab es nicht. Also blieb mir nichts anderes übrig, als einen Lokführer zu fragen:

„Geht dieser Zug nach…..?"

Er holte tief Luft und begann mich aufzuklären, dass ERSTENS dieser Zug nicht geht, sondern fährt – ZWEITENS – das hörte ich nicht mehr, ich flüchtete, da er ziemlich empört war. Bei uns in Ungarn geht nämlich ALLES, z.B. Auto, Zug, Bus, Schiff.

Einmal musste ich zum Doktor wegen einer Tetanusspritze. Ich sollte mein Gesäß freimachen. Naja, ich konnte natürlich mit dieser Aufforderung gar nichts anfangen. Nach 10 Minuten kam er verstört ins Zimmer und erklärte mir dann, was ich zu machen hätte…… Hintern, Pops, „A…." war mir vorher alles bekannt. Gesäß merkte ich mir dann für alle Zeiten!

Das Wort „Furche": Unser Nachbar erzählte, dass ein Mann irgendwo „wie der Hase in der Furche" lag. Okay, Hase war klar, was bedeutete aber Furche? Die ganze Nachbarschaft war emsig damit beschäftigt, mir die Sachlage bildlich zu erklären. Man legte sich auf die Erde, um die Vorstellung verständlich zu machen. Den Abend kann ich auch nicht mehr vergessen.

Das Wort „Muschebubu" kannte ich auch nicht. Allerdings wird dieses Wort heutzutage leider nicht mehr in den Mund genommen. Bedeutet schummriges Licht zur Entspannung, näher kommen, munkeln, flüstern, tuscheln…

Mein erster Chef, ein Hauptbuchhalter, war ein herzensguter Mensch. Er gab mir zweimal in der Woche Nachhilfeunterricht im Schulungsraum. Mühevoll versuchte er alles verständlich zu machen. Nachdem ich mal ein komisches Gesicht zog, wollte er meine

Notizen sehen, damit er prüfen konnte, ob ich wirklich einigermaßen mitkam. In dem Moment hat er fast die Fassung verloren, denn ich notierte das ALLES in meiner Muttersprache. Trotz der Anfangsschwierigkeiten durfte ich ein paar Jahrzehnte später in einer Akte lesen, dass ich eine der besten Belegprüfer des damaligen Kombinates war. Das war eine gelungene Überraschung!

Nur ER besaß ein rotes Stempelkissen mit einem roten Stempel, wo eine Hand mit Zeigefinger darauf war, eine Art Smiley?

Erst waren die sprachlichen Schwierigkeiten da, dann warteten die alltäglichen kleinen oder mittleren kulturellen „Erdbeben" auf mich, nicht selten im Doppelpack.

U.a.:

Die Sachsen hatten es immer eilig, nach der Arbeit nach Hause zu kommen. Ich nenne das ruhelos. Ich kannte diese Art zu leben nicht. Meine Mutter trank nach der Schule immer einen Espresso ganz gemütlich in einem Café und sie ließ erst den Schulvormittag Revue passieren. Sie genoss diese Momente. Die häusliche Arbeit wartete so oder so auf sie. Sehr viele Jahre später vermisste ich diese mittlerweile gewohnte „Emsigkeit" in Mittelfranken auf einmal.

An Hausordnung und Wäschebodeneinteilung musste ich mich gewöhnen. Treppenwischen und baden waren freitags angesagt und das ohne Widerrede. Fensterputzen war auch eine überaus wichtige Hausarbeit, entweder vor dem Regen oder danach oder auch ohne besonderen Grund.

Wäsche aufhängen war für mich eine echte Herausforderung! Erst nach 12 Monaten traute ich mich dann endlich, meine Wäsche draußen aufzuhängen. Die ganzen Monate studierte ich die Nachbarinnen, nach welcher Priorität das geschah.

Es war überhaupt nicht egal, in welcher Reihenfolge, mit welcher Klammer (Holz oder Plaste, klein oder groß?) alles an die Leine kam. Wäschebleichen kannte ich ebenfalls nicht.

Diese Offenheit, wie mit der intimen Unterwäsche umgegangen wurde, war auch etwas Spannendes, z.B. Büstenhalter in allen Größen, Baumwollschlüpfer mit langen Beinen.

Wir Ungarn waren jedenfalls damals in dieser Hinsicht ziemlich prüde. Dann noch diese vielen Waschlappen, die ich auch noch nicht kannte. Wir wuschen uns ohne!

Die Männer liebten ihre Autos! Sonnabends waren die Garagenhöfe voll. Es wurde geputzt, repariert, gebastelt, nebenbei über Gott und die Welt diskutiert und dazu Bier getrunken. Ungarische Männer hatten „damals" andere Vorlieben.

Am Mittwoch wurde die Woche „geteilt", für diesen Tag wurde Liebe/Sex vorgesehen. Nachdem mir donnerstags öfter zweideutig unterstellt wurde, etwas „gehabt" zu haben, begriff ich langsam, was da eigentlich gemeint war.

Die damals praktizierte Gardinenkultur konnte bis zum heutigen Tag durch kein anderes Land übertroffen werden (Mittelfranken schaffte es auch nicht!).

Exakt, auf Millimeter genau hingen sie überall! Diese „Kultur" wurde mittlerweile 1:1 von mir übernommen.

Die Wäsche wurde in traditionellen Kaltmangeln gerollt. In jedem Ort gab es eine. Das war eine Weltneuheit für mich! Heutzutage nun nicht mehr aktuell, da die Rollknöpfe durch Reißverschluss ersetzt wurden und Mikrofaser den Markt erobert hat.

Eine wunderschöne Tradition muss ich noch erwähnen. Leider gibt es sie heute nicht mehr.

Wir wohnten in einer Genossenschaftswohnung, in einem der 6 Wohnblöcke. Es gab damals noch viele Kinder. Die Mädchen (12–14 Jahre alt) führten die Babys aus der Nachbarschaft aus. Sie machten das mit Begeisterung! Schon Wochen vor der Entbindung fanden die ersten Vorgespräche statt, wer mit wem später flanieren könnte. Eine Art Wettbewerb?! Wir hatten Vertrauen und natürlich auch etwas Entlastung dadurch.

Heute führen die Mädels lieber ihre Smartphone aus. Die Muttis sind auch etwas ängstlicher.

Die Menschen aus Mitteldeutschland, z.B. die heutigen Sachsen waren immer sehr kreativ. „Gibt es nicht" gab es nicht. Irgendeine Lösung gab es immer! Ein Beispiel aus dem Winter, Januar 1979:

Am 01.01.79 war die gesamte DDR ohne Strom, da die Stromversorgung zusammenbrach, weil die Braunkohletagebauen still standen wegen extremer Kälte und Schnee.

Mein Mann war auch so ein Sachse. Er hatte goldene Hände/Ideen und holte an diesem besagten Winterabend die Autobatterie aus der Garage und schloss sie an die Stehlampe an. Allerdings schauten die Bewohner aus dem Haus gegenüber ziemlich verdutzt zu. Einer nach dem anderen kam vorbei, um zu fragen, warum wir Licht hätten. Danach gab es viele Nachahmer!

Kulinarisch gab es auch jede Menge kennenzulernen. Hackepeter kannte ich nicht, da ich nie zuvor rohes Fleisch gegessen hatte. Kartoffel, Butter und Quark ist aber mein Lieblingsmahl geworden und noch vieles mehr. Allerdings kam ich mit dem zu schnellen Abräumen der Tische nach dem Essen überhaupt nicht klar. Bei uns nimmt man sich mehr Zeit zum Essen, besonders beim Abendbrot und ganz besonders, wenn Gäste da sind, die ganze Nacht.

Kartoffelschäler kannte ich übrigens auch nicht!

Das Trinkverhalten war auch ein anderes. Gespritzten Wein „fröccs" kannte man in Mitteldeutschland nicht. Bier wurde bevorzugt.

Es gibt aber auch Gemeinsamkeiten. U.a. die traditionsreiche Karpfen-Teichwirtschaft in Komitat Tolna, in der Lausitz und in Mittelfranken.

Eines Tages war mein Schwiegervater auf Dienstreise und der alte Hahn sollte geschlachtet werden. Keine im Haus traute sich das zu. Nun erklärte ich mich bereit, die Sache zu erledigen. Natürlich nicht mit dem Hackebeil, wie gewöhnlich sondern, wie ich es gelernt hatte, mit dem großen Küchenmesser. Beim Durchschneiden der Kehle rannten alle ins Haus und meine entsetzte Schwiegermutter fragte ernsthaft meinen Mann: *„Was hast du denn für eine Frau geheiratet?"*

Trotz dieser „mörderischen" Aktion waren wir Ungarn beliebt und geachtet. Ganz besonders der Urlaub am Balaton war oben auf der Prioritätenliste. Dafür brauchten die Reisenden aber mehr Taschengeld. Damals durfte man nur 400,00 Mark umtauschen. Mit meiner und mit Hilfe meiner Eltern hatten dann einige Bekannte mehr Geld zum Ausgeben, z.B. auf dem Pullovermarkt in Siófok. Unter den Begünstigten waren auch einige Betriebsdirektoren und Parteifunktionäre.

Es fand ein reger Warenaustausch statt. In Ungarn waren u.a. Klappfahrräder, Reglerbügeleisen, Handrührgeräte, Multiboy, Bettwäsche, Handtücher und Mollydecken aus der DDR gefragt. Die Ost-Touristen suchten wiederum die Pullover aus Wolpryla (synthetische Faser), Jeanshosen u. noch viel mehr Modeartikel, auch aus dem westlichen Ausland.

In den ersten zwei Jahren war ich die einzige Ungarin weit und breit. Dann kamen die ersten 150 „Vertragsarbeitnehmer" aus Ungarn in mein „Kombinat", um zu arbeiten oder einen Beruf zu lernen. Diese jungen Männer krempelten das gewohnte Alltagsleben auf dem Lande vollkommen um, sie brachten in ihrem Gepäck Neugier, Tatkraft und Liebeshunger mit. Ich musste als Dolmetscherin sehr oft vermitteln und Situationen entschärfen. Trotz Problemen waren es für mich unvergessliche Jahre. Die sogenannten Konflikte resultierten meist aus der Tatsache, dass die ungarischen Jungs bei den hiesigen Mädchen sehr beliebt waren. Daraus gab es viele Rivalen- und Eifersuchtsszenen. Meist auf der Tanzfläche, hin und wieder flogen die Fäuste auf beiden Seiten. Führerschein bzw. Fahrerlaubnis hatten die Jungs nicht. Trotzdem fuhren sie über ein Jahr mit den Sportmaschinen (MZ Trophy) ziemlich oft nach Hause. (Warenaustausch hatte Priorität!) Durch Zufall wurde das Fahren ohne Erlaubnis irgendwann entdeckt.

Ich musste dann das dazu erforderliche „L Buch" (Fahrerlaubnisbuch) kurzfristig übersetzen.

Nach dieser Dolmetscherzeit sind dann meine Söhne, András und Péter auf die Welt gekommen und wiedermal hat ein neuer Lebensabschnitt angefangen.

Meine Söhne verbrachten ihre Kindheit fast immer in der freien Natur. Manchmal auch an gefährlichen Orten, wie Sandgrube oder Fischteiche. Im Winter fuhren sie Schlitten auf dem Schäferberg oder „Katzenhuckel" und abends kamen sie glücklich, entspannt und müde sowie mit einem gesegneten Appetit nach Hause. Dann wurden die alten ausgewachsenen „Schlumpersachen" mit angestrickten Bündchen ausgezogen. Statt täglichem Duschen war an den Wochentagen eher „Katzenwäsche" angesagt. Sie wuchsen aber ohne irgendwelche Allergien auf.

Meine Kinder wurden mit Einverständnis meines Mannes auch

András, 1979   *Péter und Mackó, 1986*

ungarische Staatsbürger. Demzufolge durften sie mit mir zusammen in bestimmter Regelmäßigkeit nach Berlin West fahren und die andere neue Welt beschnuppern. Es gab dort sogar das sogenannte Begrüßunsgeld für die beiden, da sie einen deutschen Vater hatten. Mein Mann musste aber leider zu Hause bleiben, was er sehr schlecht ertrug. Trotz dieser privilegierten Kurzreisen durfte ich als „Kaderreserve" studieren.

In Jugoslawien waren wir auch sehr oft. Wir kauften immer Puffreis Tafeln, Waffeln, Schokolade, Kakao und für meinen Vater Napoleon-Cognac ein. Mein Mann ist uns einmal mit unserem Zaporozec

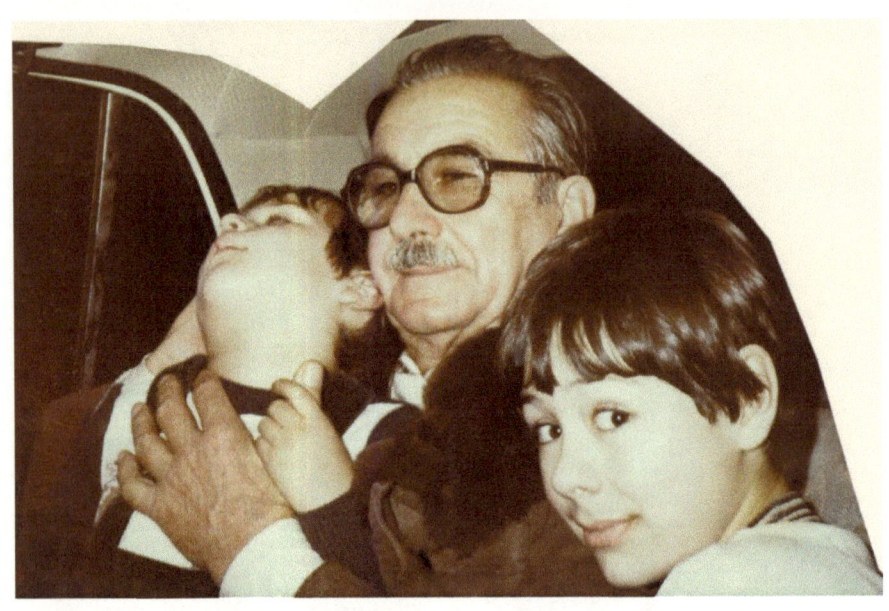

Unterwegs im 1500er Lada, Opa/nagypapi und Enkel, Sommer 1985

in Richtung Grenze entgegengefahren (mit DDR Kennzeichen) und wurde natürlich von den ungarischen Grenzsoldaten mit der Kalaschnikow zur Abklärung seiner Anwesenheit abgeführt. Zum Glück befreiten wir ihn ein paar Stunden später Die gleiche Situation fand auch mal an der Ost/West Grenze in Berlin statt. Auch dort wollte er uns „nur" abholen, dafür hatten die Grenzbeamten aber damals überhaupt kein Verständnis.

Meine Eltern besuchten uns jedes Jahr. Mit Begeisterung spazierten sie dann an den vielen wunderschönen Vorgärten und Friedhöfen vorbei. Diese wurden mit viel Liebe und Fleiß gepflegt. Das ist auch eine wunderschöne kulturelle Tradition. In Ungarn wurde auf

Kesselgerichte sind Männersache, Opa mit András und Péter, 1988

Vorgärten nicht so viel Wert gelegt, eher auf den selbstversorgenden Gemüsegarten. Die Friedhöfe hatten eher künstlichen Schmuck zu bieten.

Adventskalender, Schwibbogen und Weihnachtsmärkte waren am Anfang tolle Überraschungen für mich. Mittlerweile gibt es auch in Ungarn Weihnachtsmärkte.

Etwas vermisse ich trotzdem immer noch – das sogenannte Ostergießen am Ostermontag. Das ist ein Fruchtbarkeitsbrauch. So statteten die Männer den Frauen aus dem Familien- und Bekanntenkreis einen Besuch ab und besprühten sie mit Wasser, noch häufiger mit Parfüm. Die Frauen boten ihnen im Gegenzug Leckereien, Ostereier und manchmal „pálinka"= Obstler an.

Vor dem Begießen tragen die Männer/Jungs traditionelle Kurzgedichte vor, wie z.B.:

„War unterwegs im grünen Walde, sah blaue Veilchen,
die wollten verwelken, darf's nun begießen?"

Die Frauen/Mädchen mussten dann am Abend ihre Haare waschen und die Männer/Jungs hatten am nächsten Tag etwas Kopfschmerzen.

Die ersten Jahre fiel mir auf, dass hierzulande vielleicht mentalitätsbedingt nicht so oft geflirtet wurde wie in meiner Heimat. ABER im Laufe der Zeit störte mich das aus Altersgründen nicht mehr so.

Übrigens, die ungarischen Briefträger leisten etwas ganz Außergewöhnliches, sie bringen die Renten höchst persönlich in die Haushalte, eine schöne und alte Tradition! Ziemlich einmalig in Europa.

Da ich schon immer gern unterwegs war und mich damit beschäftigt habe, woher ich komme, ab meinem 60. Geburtstag bin ich dann losgezogen, um meine Heimat neu zu erleben. Teilte Ungarn in vier Teile. Vier Jahre lang war ich unterwegs. Pensionen habe ich bevorzugt. Ich wollte nicht nur mein Land erkunden, sondern auch die Menschen mit ihren Problemen anhören. Mittlerweile wundere ich mich nicht mehr, warum die Identität so nachhaltig prägt!

Ich bin froh, dass ich diese wichtige Reise gemacht habe, weil ich nun seit VIER Jahren durch die Pflege meines jüngeren Sohnes „Hausarrest" habe, aber darüber schreibe ich später....

Mutter sein

Mutterliebe vergeht nicht!

Durch diese Liebe versuche ich, die Welt meines kranken Kindes mit seinen Augen zu sehen.

Schatz der MÜTTER ist die Intuition. Bei der häuslichen Pflege zwingend erforderlich!

Meine Schwiegermutter erzählte mir, was sie in ihrem Arbeitsdienst in einem Lazarett erlebte. Die gestandenen Soldaten mit Schwerstverletzungen vermissten lautstark nur ihre MÜTTER .... *Frauen sind Mütter, Männer sind Söhne.........*

Mutter und Kind verbindet eine Art goldener Faden. Dieser Faden ist belastbar, wird sogar nach Bedarf immer strapazierfähiger. Mutterliebe ist Medizin! Ich kann es immer noch nicht fassen, wie nach so vielen Jahren Loslassen dieser Faden/Liebe immer noch da ist und nachhaltig gut tun kann (für Seele und Körper). Liebe bedeutet Geborgenheit, Sicherheit, Wärme, Zuwendung, Hoffnung und noch viel mehr. Wenn sie auch noch mit Berührung, Umarmung ergänzt wird, ist die Wirkung stärker! Sie ist Nahrung und Sauerstoff, ohne sie können wir nicht leben. Dabei werden Signale an das Gehirn geleitet und dort verarbeitet. Auch beschädigte Hirnregionen können darauf reagieren. Es werden Hormone ausgeschüttet, die im ganzen Körper verteilt werden.

Ich sage sehr oft zu meinem kranken Sohn:

„Du bist mein Leben." Das ist Ausdruck einer sehr innigen Nähe.

Die ersten Wochen konnte ich mit dieser Enge nicht umgehen, weil ich ihn schon vor langer Zeit losgelassen hatte. Nun musste ich die Nähe wieder zulassen. Mütter können das! Wir verstehen unsere Kinder, wenn sie noch nicht sprechen können und sogar, wenn sie durch eine unheilbare Krankheit ihre Stimme verloren haben.

Ich bin stolz auf meine Söhne, mit oder ohne „Anderssein". Ich kenne schließlich auch meine großen und kleinen Schwächen und Marotten.

Mutierende Gene

Der ungarischer Genetiker Dr. Czeizel Endre schreibt in seinem Buch „Lebensinventur" darüber, dass genetische Vermischungen unterschiedlicher Kulturen für die Erhöhung der Lebenskraft und Leistungsfähigkeit der Menschen vorteilhaft seien (hybrid vigor).

Nun lernten sich vor langer Zeit zwei Europäer kennen und lieben.

40 Jahre später erfahren die beiden etwas, das ihr Leben vollkommen umkrempelt.

Was für ein Zufall oder Schicksal, dass beide Europäer Träger einer Kupferspeicherkrankheit waren/sind. Die Verliebten lebten damals ca. 860 km entfernt voneinander. Ist Europa noch zu klein zur Vermeidung eines solchen Zufallstreffers?

Für mich als medizinischen Laien stellt sich der Morbus Wilson konkreter wie folgt dar:

Menschliche Gene treten bekanntlich in Paaren auf. Der Gendefekt, der die Kupferspeicherkrankheit Morbus Wilson verursacht, betrifft ein auf Chromosom 13 liegendes Transporteiweiß, ATP7B genannt. Wenn nur ein Elternteil den Gendefekt hat bzw. vererbt, wird das Kind nicht an Morbus Wilson erkranken. Nur wenn beide das defekte „Wilson"-Gen vererben, weitergeben – unser jüngerer Sohn erbte beidseitig den jeweiligen ATP7B-Gendefekt.

MORBUS WILSON = M.W. (kurze sachliche Beschreibung)

Nach der Diagnose Morbus Wilson wurde erstmal gegoogelt.

Morbus Wilson ist, wie bereits erwähnt, eine erblich bedingte Stoffwechselerkrankung, bei der die Ausscheidung des mit der Nahrung aufgenommenen Kupfers gestört ist. Das überschüssige Kupfer kann sich in Leber, Gehirn, Augen und Nieren ablagern. Morbus Wilson ist eine äußerst seltene Erkrankung, sie tritt mit einer Häufigkeit von 1:30.000 auf. Ihr Erscheinungsbild ist sehr vielschichtig. Morbus Wilson wird oftmals erst sehr spät oder leider gar nicht erkannt.

MORBUS WILSON (emotionale Version)

Morbus Wilson ist eine heimtückische, „hinterfotzige" (mittelfränkisch) „Wendekrankheit", die ihr Erscheinungsbild ständig wechselt und gern durch die Hintertür und ohne Vorwarnung kommt und das bis dahin gelebte und gewohnte Leben abrupt verhindert.

Erst mit 33 Jahren rückte Morbus Wilson bei meinem Sohn mit den ersten Symptomen heraus. Diese Beschwerden (Tremor=zittern) waren aber ähnlich gelagert wie z.B. bei Morbus Parkinson. Ich dachte zu allererst an Alkohol- oder stressbedingte Probleme.

Wie schafft es dieses im Übermaß hoch giftige Spurenelement, die sogenannte Blut-Hirn-Schranke zu passieren? Ganz schön clever! „Cu" hat in der Natur auch kaum Feinde, oder doch?

Meine erste Reaktion war, die Liste der Nahrungsmittel zu finden, in denen Kupfer erhöht vorkommt. Diese Lebensmittel wurden aus meiner Küche ab sofort verbannt. Sogar meine wunderschöne Halskette mit Kupfermedaillon flog in die Tonne. Zwei Jahre später erfuhr ich dann, dass dieses Element doch lebenswichtig ist. Kupfermangel kann auch zu Krankheitssymptomen führen. Tja.

Pflegen oder nicht pflegen, das ist die Frage?

Ich habe mich zu einem Zeitpunkt meines Lebens dafür entschieden, fortan anders zu leben als bisher, ganz freiwillig. Das war wie der freie Fall oder der Sprung ins eiskalte Wasser!

Mein Sohn hatte diese Wahl nicht! Morbus Wilson katapultierte ihn bis zum Pflegegrad 5.

Vincent van Gogh sagte:

„Was wäre das Leben, hätten wir nicht den Mut, etwas zu riskieren?"

Alte, gewohnte Vorgaben, Erwartungen, Wünsche, Bedingungen, Ängste einfach loszulassen ist eine große Hürde. Zum „Glück" fehlte mir die Zeit, viel darüber zu lamentieren. Überforderung, Resignation, Wut und Hilflosigkeit hatte ich erst später auf dem Schirm.

Ich muss nun mit zwei Körpern zurechtkommen, mit meinem alten und mit einem schwerstkranken Körper. Man nehme eben alles doppelt.

Es war sehr lange her, dass ich meinen jüngeren Sohn ausgezogen oder gewaschen hatte bzw. seine Windeln wechselte. Apropos… Windeln und die „Morgenlatte", damit mussten ich und die Windeln irgendwann klarkommen.

Trotz vieler Überraschungen hatte mein Leben nun fortan eine vollkommen andere sinn- und liebevolle Funktion. Diese Veränderungen halten mich ganz schön auf „trapp" und beugen vielleicht Altersdemenz vor.

Verlauf Morbus Wilson

Bereits erwähnt, meldete sich M.W. durch Zittern, zeitgleich kamen Steifheit, eingeschränkte Beweglichkeit der Gliedmaßen und der unsichere Gang (Schleichen) dazu. Die Sprache wurde kontinuierlich leiser, bis zu Sprachlosigkeit, einschließlich Schluckbeschwerden und noch viel mehr.

Ganz am Anfang (2015) änderte sich erst sein Charakter/Wesen. Früher war er ganz ruhig, ausgeglichen, später eher impulsiv, zänkisch. Aus dem Sparsamen wurde ein leichtfertiger Kaufsüchtiger. Dachte immer weniger über die Konsequenzen seiner Handlungen/ Entscheidungen nach. Z.B. verschenkte er sein Auto (mit Schenkungsurkunde!), wir mussten die Schuldensituation noch einige Jahre später in den Griff bekommen.

2016 nahm ich ihn mit in den Urlaub. Ich wollte endlich das wahre Gesicht bzw. die Auswirkungen dieser Krankheit sehen. Es passierten unerwartete Ereignisse. Z.B. ging er über die Straße, ohne zu schauen, hat seine Reisetasche, einschließlich Dokumenten/Handy/Geld im Bus liegengelassen, fuhr anschließend schwarz mit dem Zug von Chemnitz nach Dresden. Seine wichtigen Tabletten vergaß er ebenfalls. Ich wusste sofort, dass es kein einfacher Urlaub sein wird. Das war im Mai 2016, und im Januar 2017 hatte er schon Pflegegrad 4.

Im Mai hat er für mich einen Stein gestohlen, weil er mir so gefiel. Ganz leise sagte er zu mir:

„Mama, jetzt hast du nicht nur einen kranken Jungen, sondern auch noch einen Dieb." Dieser Stein hat nun einen Ehrenplatz!

Ab Januar pflegte ich ihn vorerst in Mittelfranken. Wohnte bei ihm „illegal", weil ich mich einfach nicht anmelden wollte. In dieser Zeit lernte ich viele Freunde, Bekannte meines Sohnes kennen. Mir wurde „Reschpekt" (mittelfränkisch) entgegengebracht. Mittelfranken war die neue Heimat meines Jungen, er wollte auch nicht zurück nach Sachsen, ich versprach ihm, irgendwann zurückkommen zu können.

Diese durch M.W. bedingte organische Wesens- und Persönlichkeitsstörung beschützt ihn aber auch davor, verrückt zu werden. Er realisiert seine grausame Situation anders. Irgendwie schaltet er auf Sparflamme und schaut etwas verblendet in die Welt hinein. Wenn es nicht so wäre, könnte er seine „Gefangenschaft" auf keinen Fall aushalten. An dieser sogenannten Verblendung/Blindheit ist Morbus Wilson Schuld?

Als meine Kinder auf die Welt kamen, nannte ich sie „meine Engel", weil ich mit Engelsaugen angeschaut wurde. Diese Augen waren ohne Geschlecht und Vorurteile. Sie sahen Dinge, die ich nicht immer erkennen konnte.

Nun schaut mich mein kranker Sohn wieder mit Engelsaugen an. Ich versuche tagtäglich damit klarzukommen, es gelingt mir aber nicht immer. *„ich sehe etwas, was du nicht siehst".* Er ist so wehrlos und auf Hilfe angewiesen, hat aber trotzdem Anspruch auf ein würdevolles Leben.

Zitate von Gerald Hüther:

„Würde ist ein neurobiologisch verankerter Kompass"

„Wer sich seiner Würde bewusst wird, ist nicht mehr verführbar".

M.W. ist ein „VERFÜHRER", was die Würde meines Sohnes betrifft. Diese Tatsache ist auch daran schuld, dass ich mich für die häusliche Pflege entschied!

Eine sogenannte Kombipflege durch den Pflegedienst hilft mir nicht viel, da die Pflegkräfte kommen, um zu gehen In der Zwischenzeit bin ich wieder „Mädchen für alles".

In den Heimen leidet die Würde durch die „Stoppuhrpflege".

Wenn ich als Angehörige mit etwa 15 lateinischen Diagnosen attackiert werde, komme ich mir auch etwas würdelos vor. In diesen Momenten stärke ich mich mit den Gedanken, dass ICH ebenfalls eine wunderschöne Sprache beherrsche!

Die Alte und der Kranke

Meine jahrelangen Erfahrungen/Eindrücke über die Reaktionen der lieben Mitmenschen:

In den Blicken erkenne ich oft Mitleid oder eine gewisse Scheu und Angst. Niemand traut mich zu fragen, ob der Kranke im Rollstuhl mein Sohn oder Enkel wäre.

Noch schlimmer sind die Blicke mit Abscheu. Es gibt auch welche, die einfach aus dem Weg gehen und demonstrativ wegschauen, bewusst oder unbewusst, das empfinde ich würdelos!

Schade, dass diese behinderungsfreien Mitmenschen solche Berührungsängste haben, egal ob gebildet oder ungebildet, wohlhabend oder bedürftig, sie haben in meinen Augen auch eine Art Behinderung. Ich nenne es einfach Charakterschwäche!

Die Unsicherheit im Umgang mit einem alten und kranken Menschen verstehe ich nicht.

Alt-sein, krank-sein gehört zum Mensch-sein! Weder durch Geld noch durch Erfolg kann man das verhindern.

Alter Wein/Whisky, alte Möbel, reife Früchte sind doch begehrt. Die untergehende Sonne ist auch beliebt, weil man die so angenehm warm empfindet. Was ist mit dem Altweibersommer?

Ich finde es „pervers" belastend und würdelos, dass ich immer wieder beweisen muss, dass ich noch nicht dement „meschugge" bin und wie schwer krank mein jüngerer Sohn ist. Diese Unterstellungen belasten enorm! (Leitsatz meiner Mutter ist noch hoch aktuell!)

Reife, alte und kranke Menschen verdienen Respekt! Der ständige Kampf um Gehör und um die Rechte als pflegende Angehörige sowie als Patient nimmt viel Energie und Zeit in Anspruch.

Zitiere Albert Einstein:

„Wichtig ist, dass man nicht aufhört zu fragen."

Wie wahr! Zum Glück stelle ich gern Fragen.

Als Sozialarbeiterin hatte ich die Aufgabe, stets mit Herz und Verstand Menschen zu helfen, damit Sorgen/Situationen in positive Richtungen gelenkt werden konnten.

Nun sitze ICH auf der falschen Seite! ICH und mein Sohn brauchen nun auch gewisse Unterstützungen! Empfinde aber nun nicht die gleiche Bereitschaft auf der „Gegenseite"! Pech gehabt, ich lasse aber nicht locker.

Kranke und deren Angehörige können im Laufe der Krankheit/Pflege auch sozial sterben. Das ist kein biologischer oder physiologischer Vorgang. Vielmehr bezieht sich das auf den Ausschluss aus der ehemaligen Gemeinschaft. Z.B.: Man wird immer seltener angerufen oder besucht, der Freundeskreis wird kleiner, Anerkennung bleibt aus. Die alten Rollen, die man als gesunder, junger Mensch hatte, können nicht mehr ausgefüllt werden. Man wird nicht mehr

wahrgenommen, man wird unsichtbar und ausgegrenzt.
Kein schönes Gefühl!

Ich traf sehr viele „Schwellenmenschen" in West und Ost. Gemeint sind nicht die reellen Hindernisse für Rollstuhlfahrer, sondern die „Schwellen" in den Köpfen. Einige Mitarbeiter in Krankenkassen, Behörden, Gerichten und auch im medizinischen Bereich ließen mich dies spüren. Eine Schwelle ist eben eine Schwelle zu viel!

Schwelle bedeutet Abstand, Sicherheit und Kosteneinsparung. Ich vermisse die Unterhaltung auf Augenhöhe sowie Verständnis und Mut zur Courage. Manche Schwellen sind unüberwindbar, manche könnte man vielleicht mit Kulanzentscheidung übertreten.

Hierzulande sagt man gern: *„Nicht über meine Schwelle!"*

Sehr gern bekomme ich gut gemeinte Vorschläge von Mitarbeiter/ innen: *„Sie sollten an sich denken." „Machen Sie mal Sendepause."* Schön und gut, das Gespräch wird in eine andere Richtung abgelenkt, hilft uns aber überhaupt nicht weiter!

Pflege ist keine Einbahnstraße! Pflege ist nicht nur ein Geben, sondern auch ein Nehmen in Form von Lächeln, strahlender Augen.

Die Pflege ist eine enge Verbindung zwischen zwei Menschen. Es findet ein Lernprozess auf beiden Seiten statt. Die Spiegelneuronen (ich nenne die Nachmacheneuronen) spielen dabei auch eine Rolle. Wir sind soziale Wesen und müssen ständig diese Neuronen trainieren, damit beide seelisch und körperlich davon profitieren können. Z.B. Lächeln empfangen und zurücklächeln. Beim jeden Löffel öffne ich automatisch meinen Mund. Damit erleichtere ich die Nahrungsaufnahme, wie einst im Kleinstkindesalter.

Mit der häuslichen Pflege kann man natürlich nicht „angeben".

Peinlich sollte diese/r Rolle/Lebensabschnitt aber auch nicht sein! Verstecken in der Häuslichkeit ist keine Lösung!

Zutaten für die häusliche Pflege aus der Sicht einer pflegenden Mutter

1. Liebe
2. Fürsorge
3. Sicherheit, Geborgenheit
4. Geduld
5. Zeit zu haben
6. Kommunikation
7. Hoffnung
8. Empathie
9. Nunchi
10. Motivation
11. Neugier
12. Mut
13. Optimismus
14. Intuition, Bauchgefühl
15. Durchhaltvermögen
16. Hohe Stresstoleranz
17. Gesunde Selbsteinschätzung
18. Fähigkeit, sich an kleinen Dingen zu erfreuen
19. Sturheit
20. Wut
21. Rituale
22. Gut informiert sein

Maler Marc Chagall sagte: *„In der Kunst wie im Leben ist alles möglich, wenn es auf Liebe gegründet ist."*

Liebe gibt Kraft, Liebe ist spürbar. Streicheln, Berühren gehört unbedingt dazu. Schon Sekunden reichen aus, durch eine Umarmung können positive Effekte auf Körper und Psyche erzielt werden. Es werden Signale von gefühlten Berührungen an das Gehirn weitergegeben. Gefühle werden geweckt. Kuscheln ist „Apotheke" des Körpers.

Ich schenke meinem Sohn z.B. eine tägliche Kopf- und Rückenmassage. Sein Atmen wird dabei ruhiger, manchmal knurrt auch er wie ein Igel. Ich interpretiere das als ein Dankeschön für mich.

Fürsorge ist meine freiwillige Sorge, auch als seine Betreuerin.

Familie bedeutet Geborgenheit und Sicherheit, wo man Zeit füreinander hat. Gemeinsam ist man nicht so schwach und hilflos. Familie verbindet und man fühlt sich verstanden. Wenn noch ein Haustier dazu kommt, ist es noch besser. In unserem Fall heißt er Hansi, ein Wellensittich.

An dieser Stelle ein ganz großes Dankeschön an meinen Sohn András!!!! Ohne seine Liebe, Fürsorge und Unterstützung wäre Vieles nicht zu stemmen gewesen.

U.a.: die unvergesslichen Geburtstagsausflüge unter Brüdern mit Cabrio und Motorrad mit Seitenwagen und noch viel mehr...

Geduld ist leider nicht so meine Stärke, aber ich bemühe mich, das zu ändern. Ich stelle nun immer mehr unerfüllte Wünsche zeitweilig und bewusst zurück. Geduld ist eine Tugend. Eine Fähigkeit, eine unheilbare Krankheit des eigenen Kindes beherrscht und mit Gelassenheit zu ertragen.

Zeit zu haben ist enorm wichtig. Nicht nur dann, wenn sie aus pflegerischen Gründen vorgesehen ist, sondern einfach spontan. Die Augenblicke gemeinsam nutzen, genießen. Ich lese meinem Sohn vor, oder erzähle ihm die schönen und humorvollen Anekdoten aus seiner Kindheit und aus der Kindheit seines Bruders. (Mein jüngerer Sohn war etwa drei Jahre alt, als er auf einer ungarischen Pfirsichplantage die ersten Pfirsiche gesehen hat und laut rief: *„Mama, solche große Erdbeeren!")* Ich erinnere ihn oft an seine ungarischen Großeltern,

Die Enkel Daniel und Alwin, 2008

an die vielen Welpen auf dem Weinberg sowie an meine Enkel. Nicht selten fließen mir dabei die Tränen. Ich bedanke mich auch immer wieder bei ihm für alles. Er war früher immer für mich da, nun bin ICH an der Reihe, der Kreis schließt sich.

Da mein Sohn nicht mehr sprechen kann, ist eine „normale" Kommunikation nicht mehr möglich. Ich bin die Erzählerin und ich lese seine Reaktion/Antwort an seinen Augen, Mimik und Atem ab. Ein Ja ist z.B. der Daumen hoch.

Die Hoffnung nie aufgeben und dem Kranken auch das Gefühl geben, dass nicht alles hoffnungslos ist. Große Wunder erwarte ich nicht, aber kleine Wunder ja! Schließlich erlebten wir schon viele kleine Wunder, die allerdings nicht für alle „sichtbar" sind.

Empathie/Einfühlungsvermögen: eine Fähigkeit, die Empfindungen, Emotionen anderer Menschen zu erkennen. Diesen „Empfänger" besitze ich zum Glück! Zeit braucht man aber auch dazu. Einfach zwischen Windelwechseln und unter Zeitdruck kann man sich auf keinen Fall in einen kranken Menschen hineinversetzen.

Nunchi (Nuntschi) = das Augenmaß, ist eine Fähigkeit, die die meisten Koreaner beherrschen. Man spricht auch über emotionale Intelligenz, „zwischen den Zeilen zu lesen". Vor langer Zeit kannten die Sachsen und die Ungarn diese „Art" des Lesens. Das ist ein koreanisches Geheimrezept, Menschen und Situationen intuitiv richtig einzuschätzen, Reaktionen zu deuten. Für pflegende Angehörige und für Gepflegte ist dies für das Überleben sehr wichtig!

Mimik und Körpersprache spielen dabei eine große Rolle. Ganz einfach ausgedrückt: Der Umgebung mehr Beachtung schenken. Der größte Feind von Nunchi: Das Smartphone.

Motivation: Trotz aller Tragik investiere ich viel Zeit und Energie, um mich und ihn zu motivieren. Eigentlich sollten wir BEIDE von Psychologen begleitet werden. Leider war bis jetzt kein einziger bereit, Hausbesuche zu machen.

Neugier: Mich packt ständig die Neugier, am liebsten würde ich noch mal studieren, weil ich mehr erfahren und in die medizinischen und therapeutischen Bereiche eindringen will. Ärzte verbergen gerne gute Ratschläge. Mit meinem Wissensdrang recherchiere ich so lange, bis ich etwas zum Wohle meines Sohnes entdeckt habe z.B. Hippo,- und Atemtherapie und noch viel mehr.

Kurz betreffs Hippotherapie:

Die innige Verbindung zwischen Mensch und Pferd ist schon seit einer Ewigkeit bekannt. Pferde kennen keine Entfremdung, strahlen eine Urharmonie aus, was kranken Menschen zu Gute kommt. Ein Pferd fühlt mit dem Menschen, spürt und weiß viel, ist eben ein Sozialpartner. Wichtig sind seine Körperwärme, Bewegungsfolge sowie das „Tragen lassen" im Schritt.

Da ich neugierig bin, habe ich mich mit 71 Jahren entschlossen, mich auch auf einen Kaltblüter zu setzen und zu reiten. Es war ein unvergessliches Erlebnis!

Mut: beschrieben von Gressida Cowel l (aus dem Ungarischen übersetzt):

„Es ist leichter, mutig zu sein, wenn wir wissen, dass wir keine andere Wahl haben."

Ich und mein Sohn hatten keine andere Wahl.

Man braucht unbedingt Mut, wenn man sich um Menschen kümmert.

Ärzte könnten aber etwas mutiger sein, die meisten haben Angst verklagt zu werden, z.B. bei der verordneten Rücknahme der oralen Kost wegen Aspirationsgefahr. Eine Rehaklinik wollte mir fast Hausverbot erteilen, weil ich meinen Sohn trotz Verbot fütterte. Essen/Schmecken ist eine sinnliche Freude für unsere Augen, Nase und die Seele und bedeutet Lebensqualität!

Ich kenne auch das Geheimnis der Hühnersuppe! Die Amerikaner nennen sie sogar „Jewish Penicillin", also jüdisches Penicillin. Hühnersuppe blockiert im Körper die Ausschüttung von entzündungsfördernden Substanzen.

Nun gehe ich manchmal einen Schritt weiter und verabreiche meinem Sohn hin und wieder 2–3 Kaffeelöffel Bier zum „Schmecken".

Zu dumm, dass ich mich mal bei einem Chefarzt verplaudert hatte, in seinem Entlassungsbericht stand Folgendes:

„Mutter führt Sohn Alkohol zu." (Mir fehlen die Worte…..)

Optimismus: zu viel davon ist auch nicht gut. Die Krankheit und die dazu gehörige Pflege ist eine objektive Tatsache.
Man soll die Situation annehmen und das Beste daraus machen.
Mein „Lebensglas" ist mal halbvoll, mal halbleer. So ist das Leben es ist eben nicht immer alles schön, jung und gesund.

Intuition: ist mein Vorzug, bzw. der Frauen und Mütter. Wir sind genetisch so gebaut. Bauchgefühl zeichnet uns aus! Für die Pflege zu Hause unentbehrlich!

Durchhaltevermögen: die Kraft zum Durchhalten. Die braucht man am laufenden Band. Es steckt sogar an.

Hohe Stresstoleranz: abhängig von äußeren und inneren Faktoren und von der Dauer der An- und Überforderungen, die selten planbar sind, bin mittlerweile trainiert.

Gesunde Selbsteinschätzung: Grundbedingung dafür, dass man die eigenen Stärken und Schwächen kennt. Ein Vorteil des Alters, da wir uns aber auch im Alter ständig verändern, Schwächen und Stärken unterliegen gewissen Schwankungen, man darf sich aber auf keinen Fall belügen!

Fähigkeit, sich an kleinen Dingen zu erfreuen. Im Laufe einer Erkrankung verschieben sich die Prioritäten. Die großen Dinge laufen etwas ein und machen Platz für andere, für ein Lächeln, ein fast unhörbares Wort „Mama".

Sturheit ist Grundvoraussetzung für gewisse Verfahrensabläufe,

Widersprüche. Sturheit hat positive und negative Eigenschaften.
Eine gewisse Sturheit ist nötig, um konsequent zu sein. Man ist dann
weniger verführbar ich denke dabei auch an die Würde.

Wut kann auch helfen, Hindernisse zu überwinden und davon
gibt es genug bei einer unheilbaren Erkrankung. Wut ist ein
Betäubungsmittel, das Energie und Selbstvertrauen erzeugen kann.

Rituale sind symbolische Handlungen im Stressalltag, sind leistungs-
und gesundheitsfördernd, haben einen tieferen Sinn, bauen Sorgen
und Ängste ab, sind praktisch und machen Freude.

Ich nenne sie Wahrnehmungsübungen, sie trainieren den Tastsinn.
Da mein Sohn diese Übungen nicht selbständig durchführen kann,
helfe ich ihm nach. Für ihn ist das immer wieder ein AHA-Erlebnis,
weil er wieder seinen eigenen Körper spüren kann. Das sind winzige
Schritte, aber glückliche Momente für uns beide.

Bei bestimmten Melodien, u.a. bei Tina Turner oder ABBA wird mit
den Armen und Füßen im Takt „getanzt", eine Art „BETT-TANZ".

Morgens, bei der Kontrolle des Sauerstoffgehaltes, schenken wir uns
gegenseitig Küsschen, je nach Größe der angezeigten Zahl. Wer mehr
hat, muss abgeben, wie bei meiner Mutter mit den Sommersprossen,
es macht einfach Freude.

Früh und abends bekommt er eine Rückenmassage à la Mama, ein
Ritual zum Herunterkommen und mir tut es auch gut!

Rituale lenken ab, eine Art Stressbewältigung. Sie wecken

Aufmerksamkeit und wenden von irgendetwas ab. (Nervosität, Schmerzen)

Gut informiert sein

Vor jeder Sache, Anliegen, Antrag, Widerspruch muss man sich gründlich vorbereiten. Sonst sind die Chancen auf Erfolg gering. Dank Internet hat man es heutzutage etwas leichter. Auch Bücher sind meine Quellen. Trotzdem nehmen die Recherchen viel Zeit in Anspruch. Aber es lohnt sich!

Ergänzung:

Die häusliche Pflege ist nicht nur Familiensache! Dreiviertel der Gepflegten werden zu Hause gepflegt. Die pflegenden Angehörigen brauchen viel mehr Entlastung. Warum wird diese Tatsache nicht gesehen oder will man das einfach nicht wahrhaben?

ALLE pflegenden Angehörigen bekommen das gleiche Entlastungs-Budget, unabhängig vom jeweiligen Pflegegrad. (z.B. bei der Kurzzeitpflege, bei der Verhinderungspflege und bei der Betreuungsleistung). Alle drei genannten Pflegeleistungen werden pauschalisiert, weil es so einfacher ist.

Beispielweise kann ein Angehöriger bei Pflegegrad 2 oder 3 länger in Urlaub fahren, da die Kurzzeitpflege im Pflegeheim nicht so kostenintensiv ausfällt. Bei Grad 5 sieht der Urlaub nicht so günstig aus, weil der Kranke zu „teuer" ist.

Ich nenne das ganz einfach gesagt:

Eine Ungleichbehandlung der pflegenden Angehörigen. Je nach Grad unterscheidet sich nämlich die Schwere der pflegerischen Arbeit. Dementsprechend sollte auch die Länge der Entlastungszeit aussehen, oder?

Zeit kostet eben Geld!

Entlastung ist nur das Eine, ich vermisse so Vieles aus alten Zeiten:

...seine Stimme

...sein Lachen

...seine Schritte

...seine Umarmung

...seine Unterstützung

...seine Zuverlässigkeit

...seine Aufmerksamkeit

und noch viel, viel mehr....

Geblieben sind seine großen rehbraunen Augen, seine Liebe

sein Mut zum LEBEN, und das ist nicht wenig!

Geblieben ist mir

...die Donau meiner Heimatstadt. Die ist für mich so etwas, wie für die Juden die Klagemauer. Ich „kotze" (bildlich) alle meine Sorgen hinein, den Fischen macht das nichts aus. Danach lasse ich meine Wünsche baumeln.

...die Liebe, die Familie

...Cabrio fahren, einfach unterwegs sein

...Musik hören,

...malen

...lesen

...innehalten bei einem Glas trockenen Riesling oder Grünveltliner (gespritzt!)

Und noch viele, viele Kleinigkeiten, die mir das
Leben lebenswert machen

Im Jahr 2016 wurde mein jüngerer Sohn von einem Professor gefragt, welche Wünsche er hätte.

„Ich möchte wieder arbeiten und schwimmen können!"

Und was sagt Morbus Wilson dazu?

Mein Sohn wird in letzter Zeit tagsüber betreut, gefördert und beschäftigt, immerhin ein Anfang auf dem langen Weg.

Was das Schwimmen betrifft, haben wir einen Traum, mal mit Delphinen zu probieren.

Für seinen Beruf als Fischwirtschaftsmeister wären Delphine doch mal eine große Überraschung sowie ein einmaliges Erlebnis!

Ich hoffe, dass dieser Wunsch eines Tages in Erfüllung geht.

Ich danke meinen Eltern, meinen beiden Söhnen, ihrem Vater und all jenen, die mir auf meinem Lebensweg in Ost und West zu Seite standen.

Ich bedanke mich auch bei den fleißigen Korrektur-Leser/Innen.

Unterwegs mit Malpinsel und Stift

Ziehbrunnen in Hortobágy/Ungarn, Sommer 2011

Weinkeller in Villány/Ungarn, Sommer 2012

Die alte Wasserkunst, 2014

Sugovica/Ungarn, Sommer 2014